Introduction

[Tempo I]

Attacca subito

1) Тг. 46-47. В автографе переложении: ; исправлено по

Act I

№1
Сцена
Scène

ЗАНАВЕС

20

№ 2

(INTRADA)

Tempo di valse

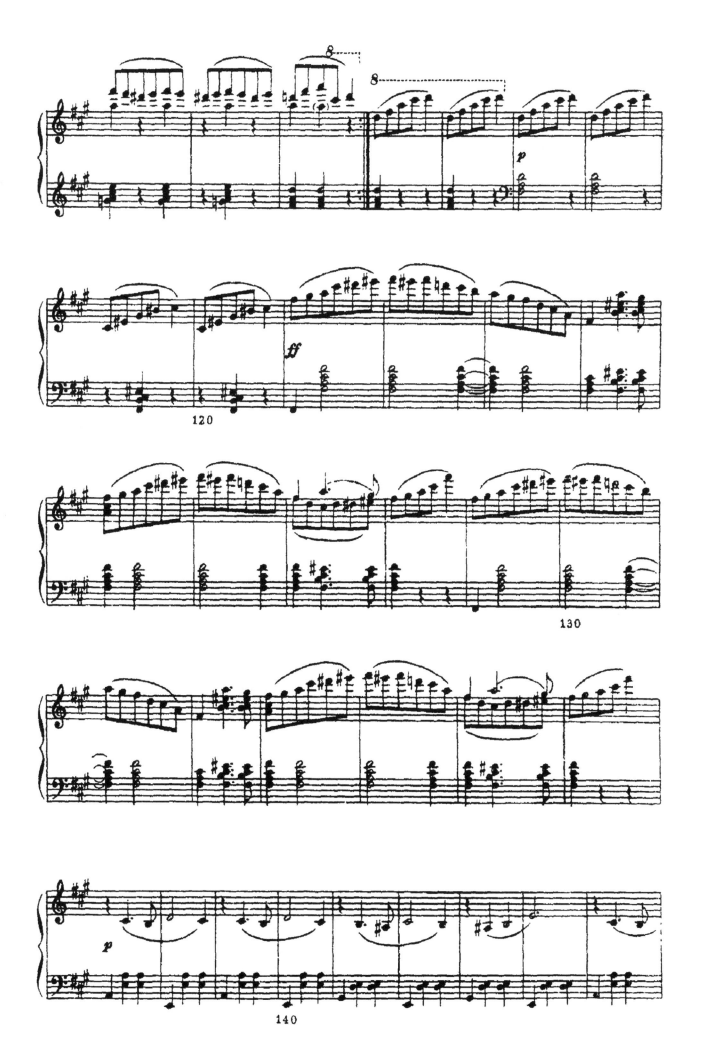

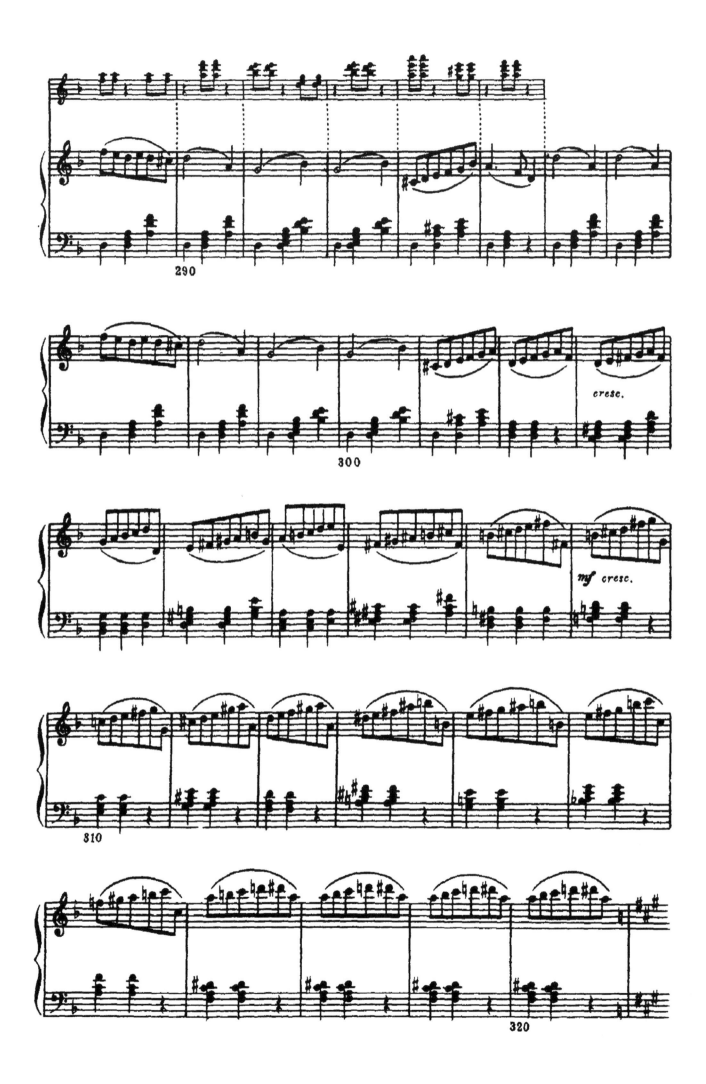

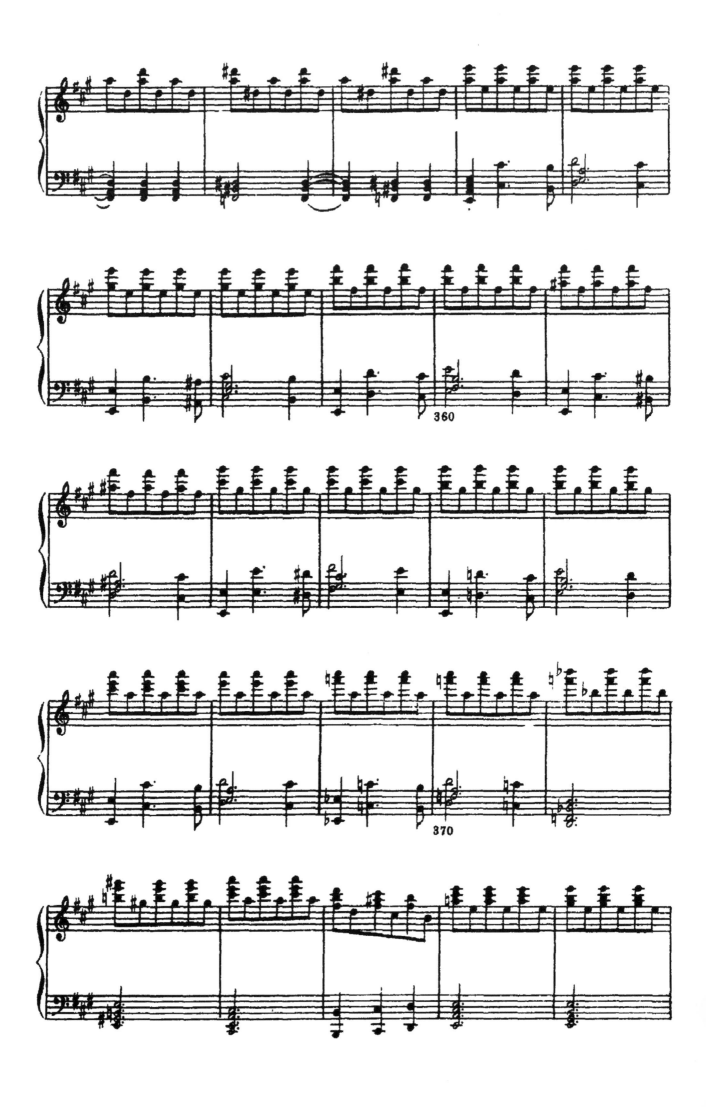

№ 3
Сцена
Scene

**(Принц говорит: Конец нашей беззаботной жизни и т. д)

№ 4
Pas de trois

II

Andante sostenuto

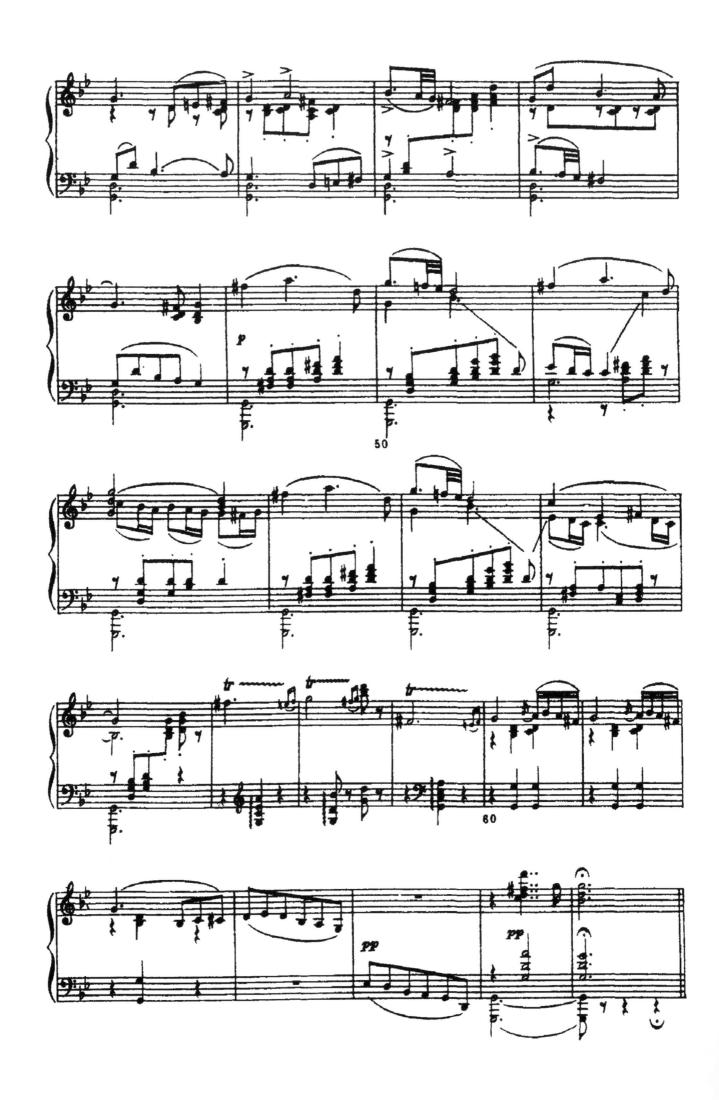

III

Allegro simplice

IV

Moderato

V

VI
CODA

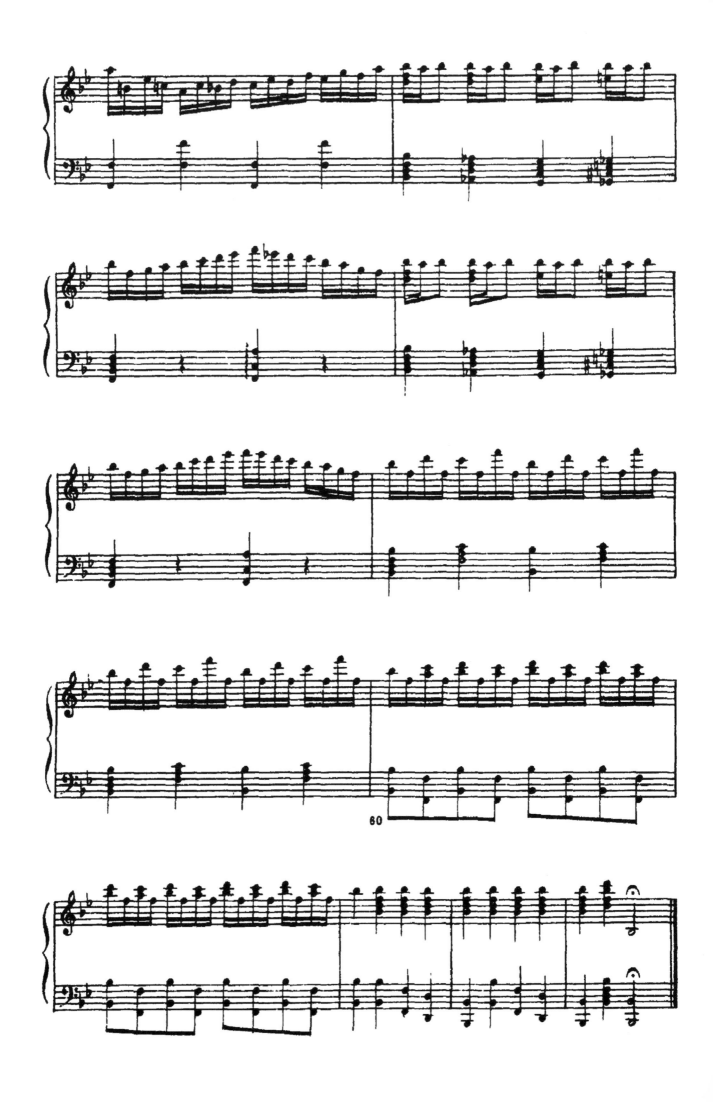

№ 5
Pas de deux
I

Tempo di valse ma non troppo vivo, quasi moderato

II

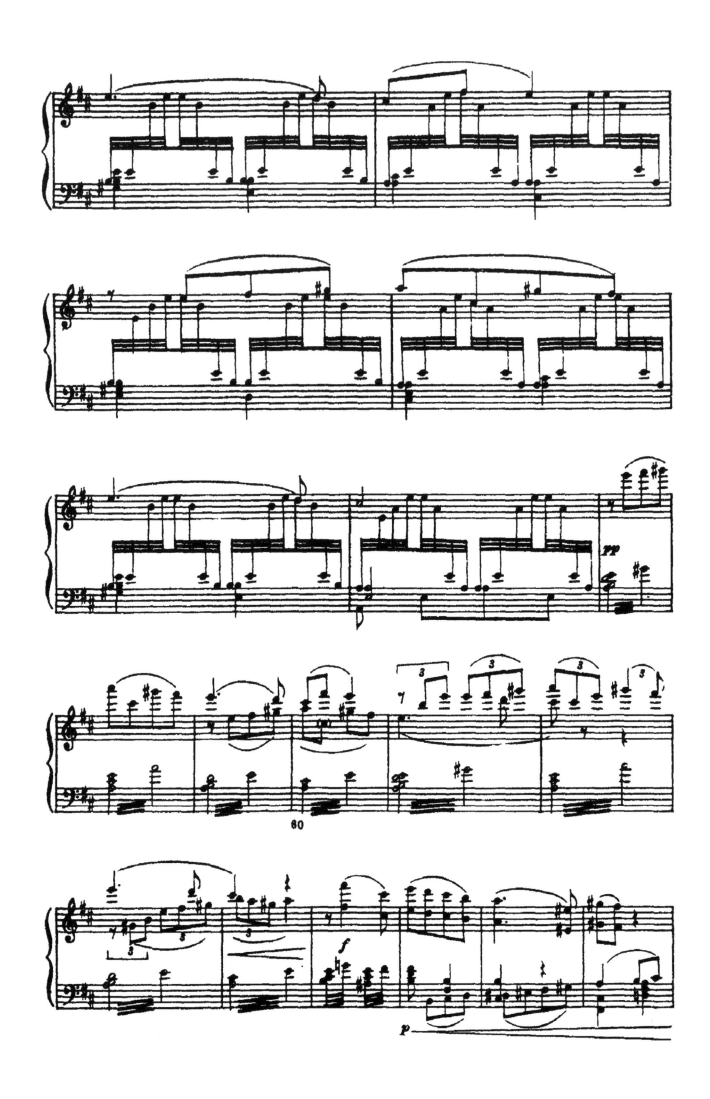

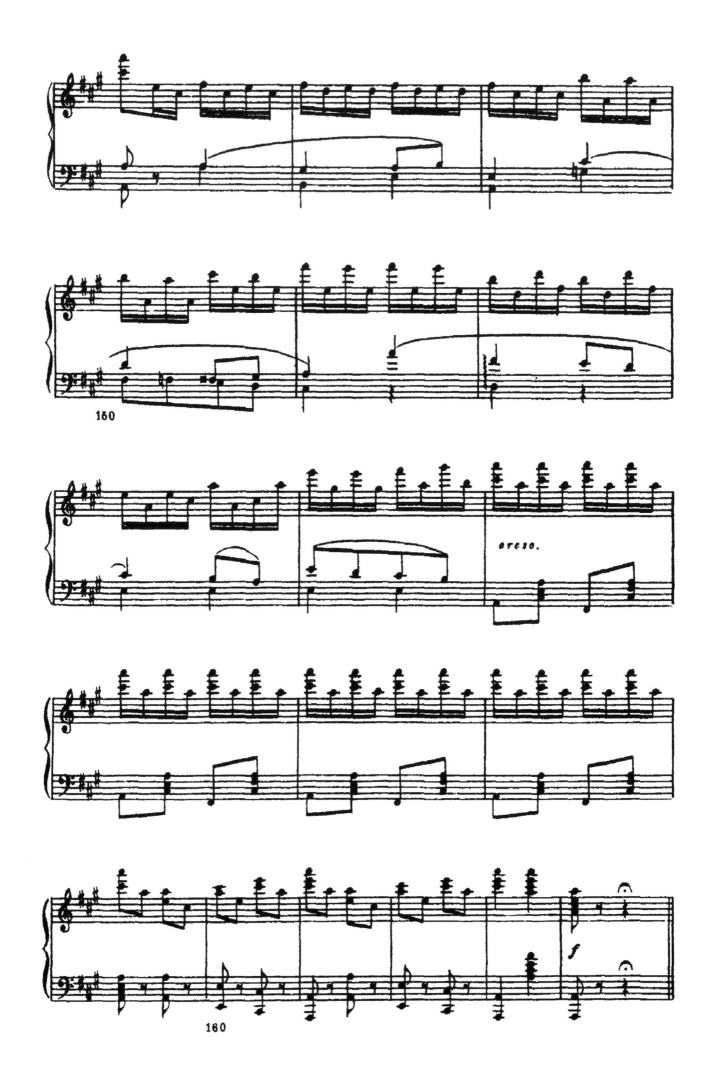

III

Tempo di valse

IV

CODA

№ 6
Pas d'action

№ 7
Сюжет
Sujet

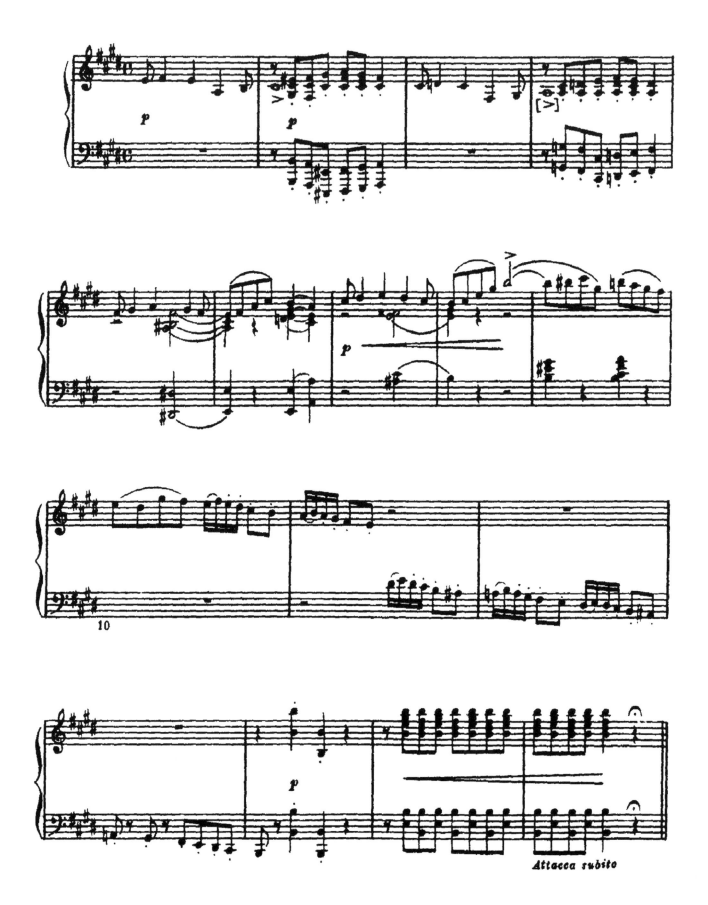

Attacca subito

№ 8
Танец с кубками
Danse des coupes

Tempo di polacca

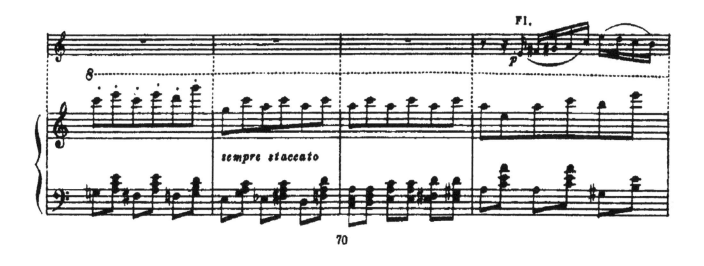

70

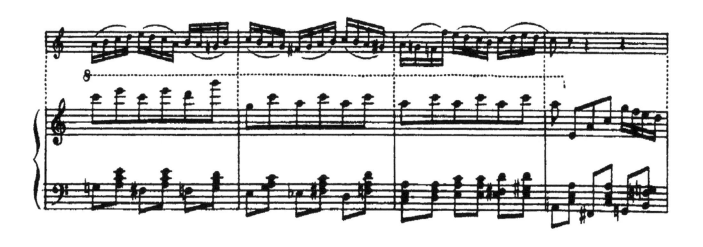

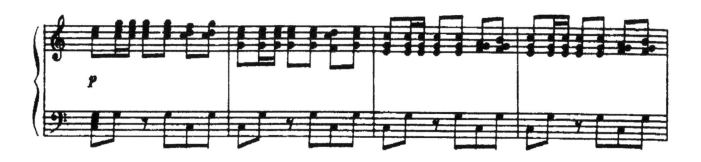

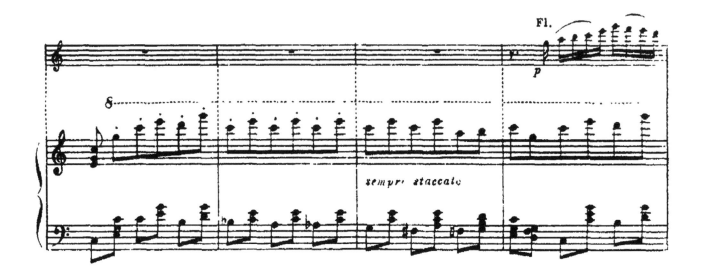
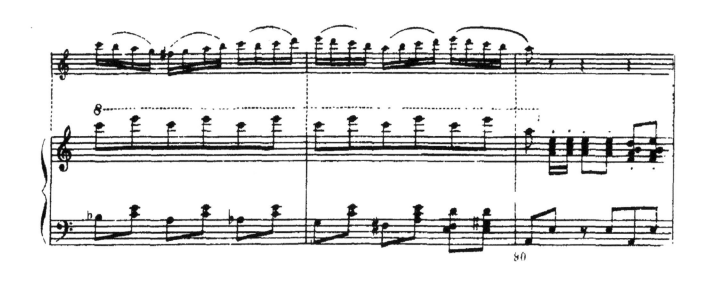

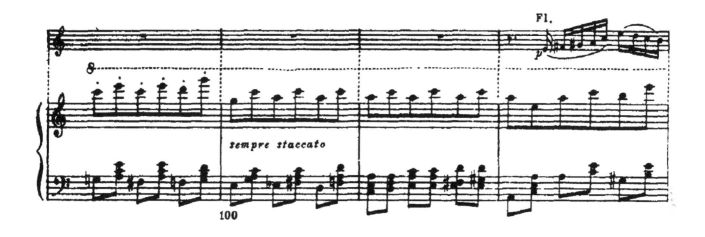

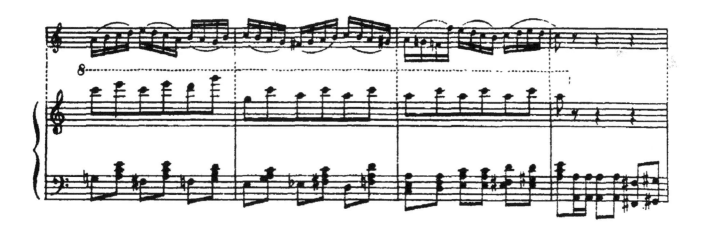

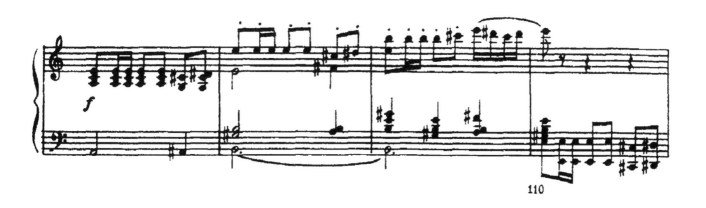

180

№ 9
Финал
Finale

Act II

№ 10
Сцена
Scène

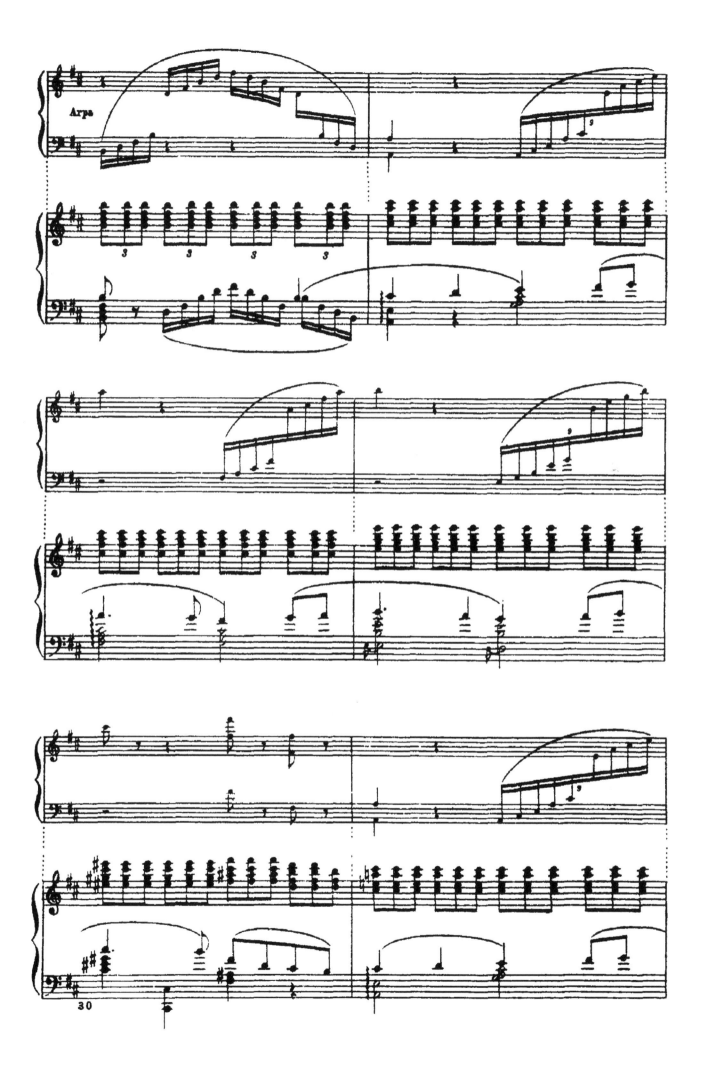

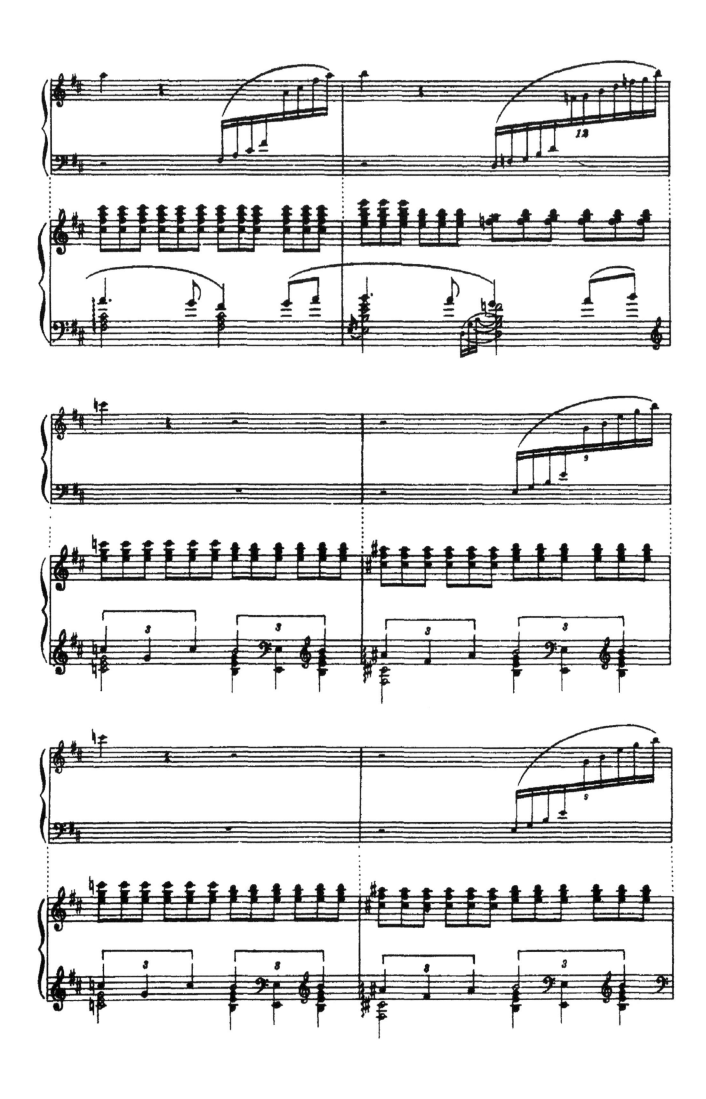

stringendo

№11
Сцена
Scène

*) (Выход принца)
Allegro moderato

10

**) (Sortie du prince)

Moderato

*) (Девушка говорит приду: За что ты преследуешь мэня! и т. д.)

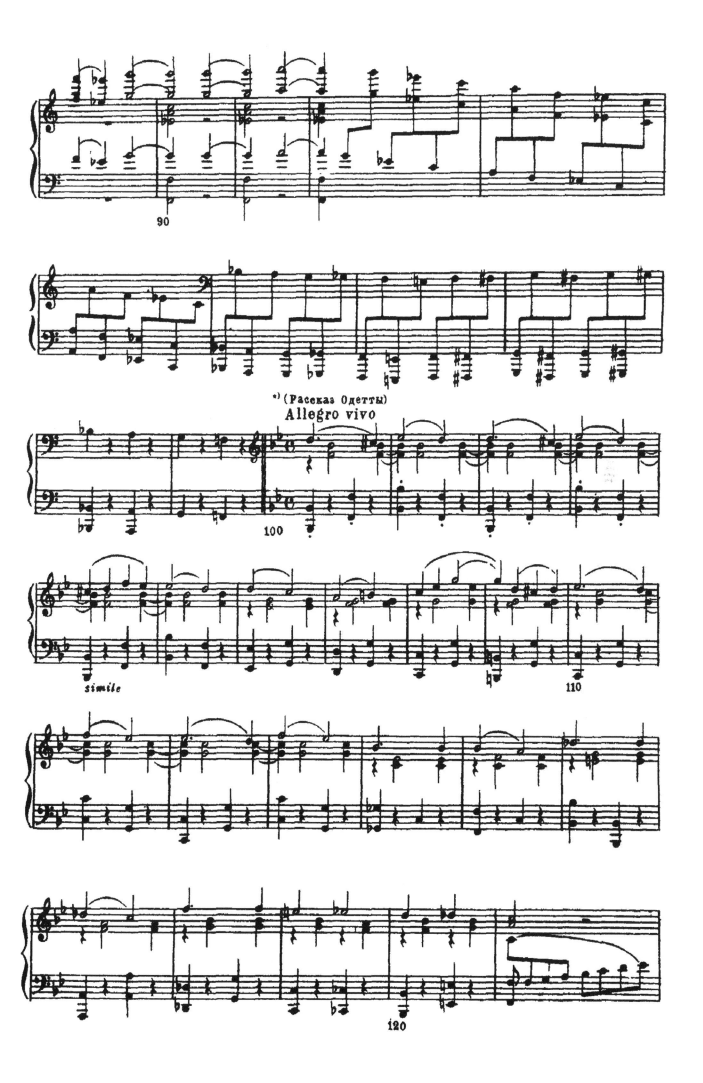

*) (Рассказ Одетты)
Allegro vivo

simile

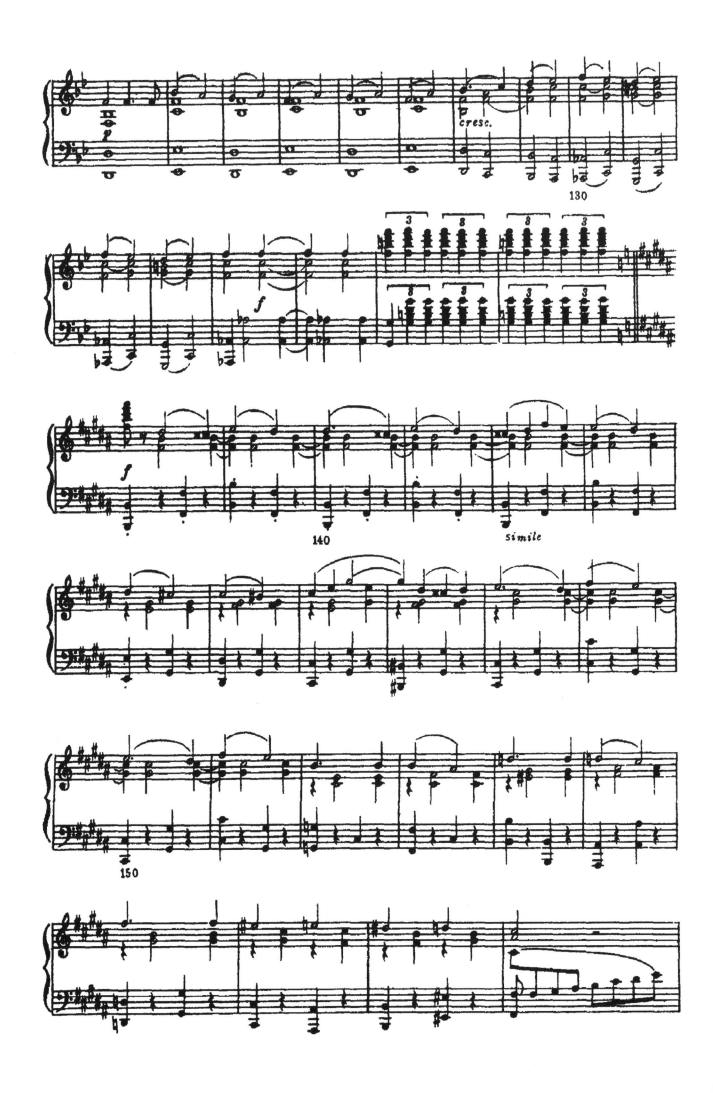

*) (Одетта: С моим замужеством и т.д.)

№ 12
Сцена
Scène

*) (Является вереница лебедей и т. д.)

Allegro

*) (Одетта: „Довольно, перестаньте, он добрый" и т. д.)

Moderato assai quasi andante

№ 13
Танцы лебедей
Danses des cygnes
I

II

III
Танец лебедей
Danse des cygnes

IV

Allegro moderato

V

PAS D'ACTION

(Одетта и принц)

(Odette et le prince)

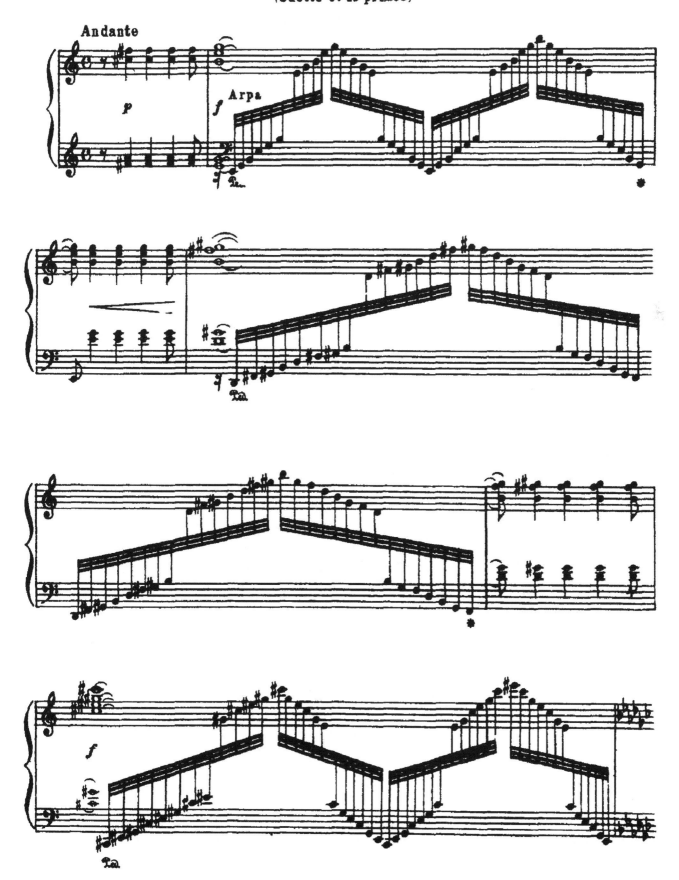

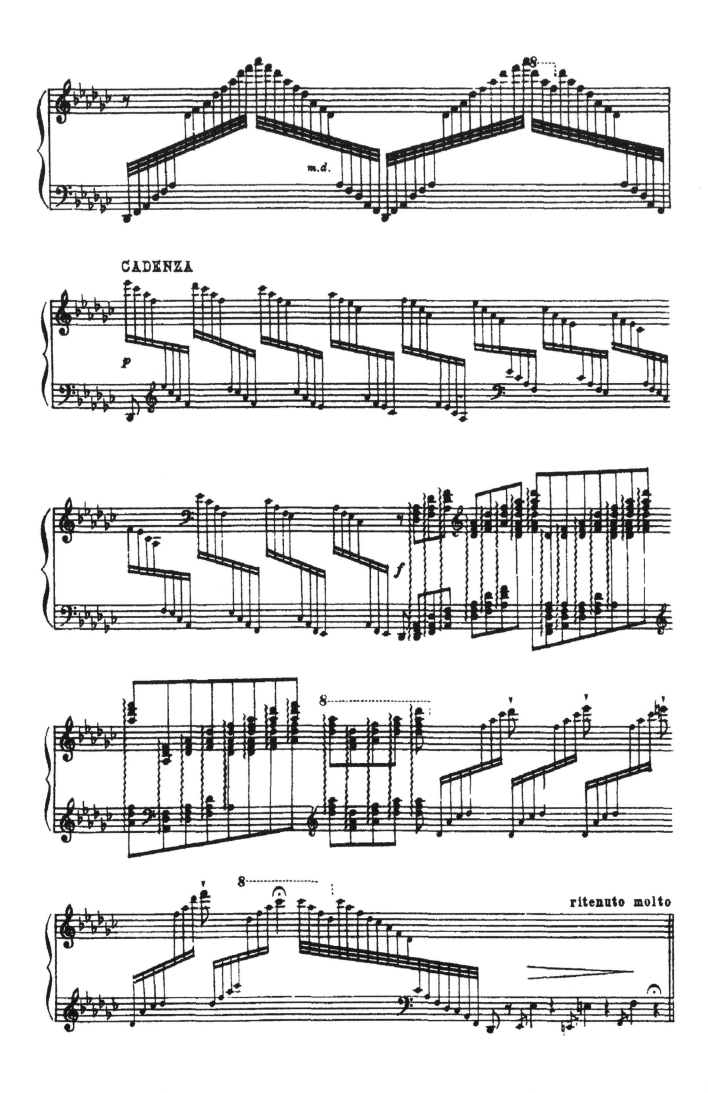

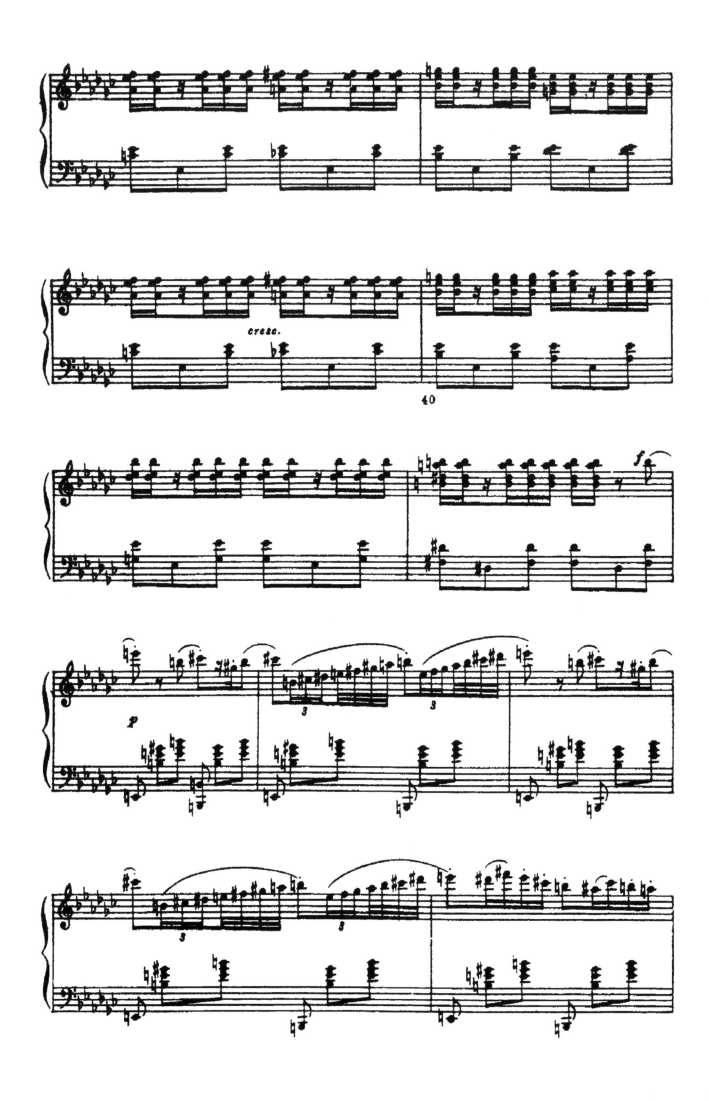

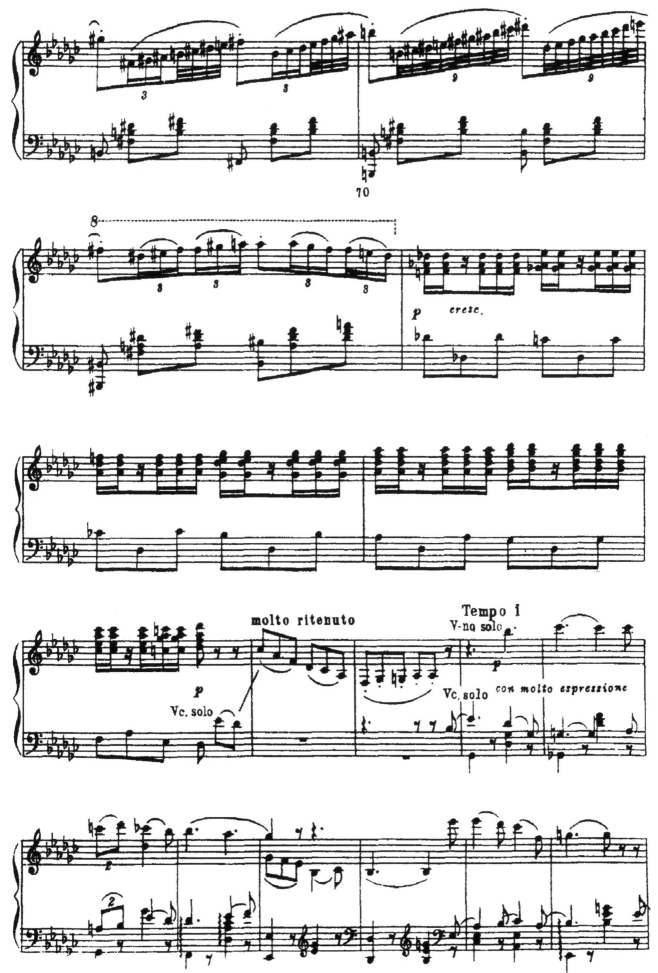

VI
(ОБЩИЙ ТАНЕЦ)
(TOUT LE MONDE DANSE)

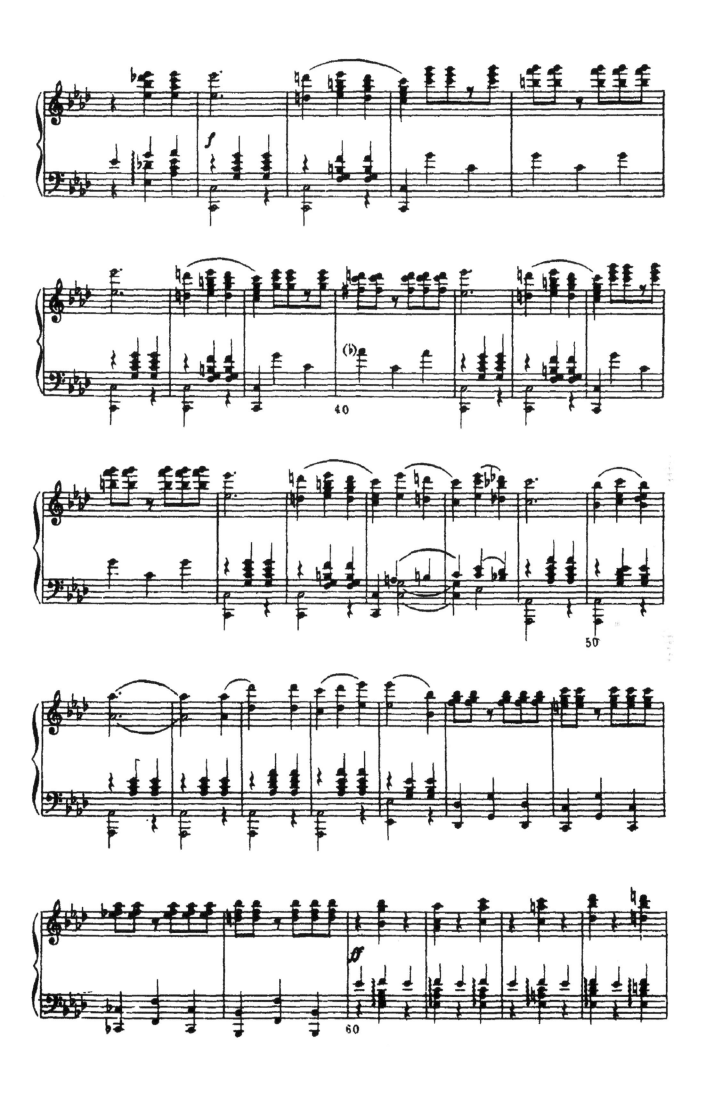

VII
CODA

№ 14
Сцена
Scène

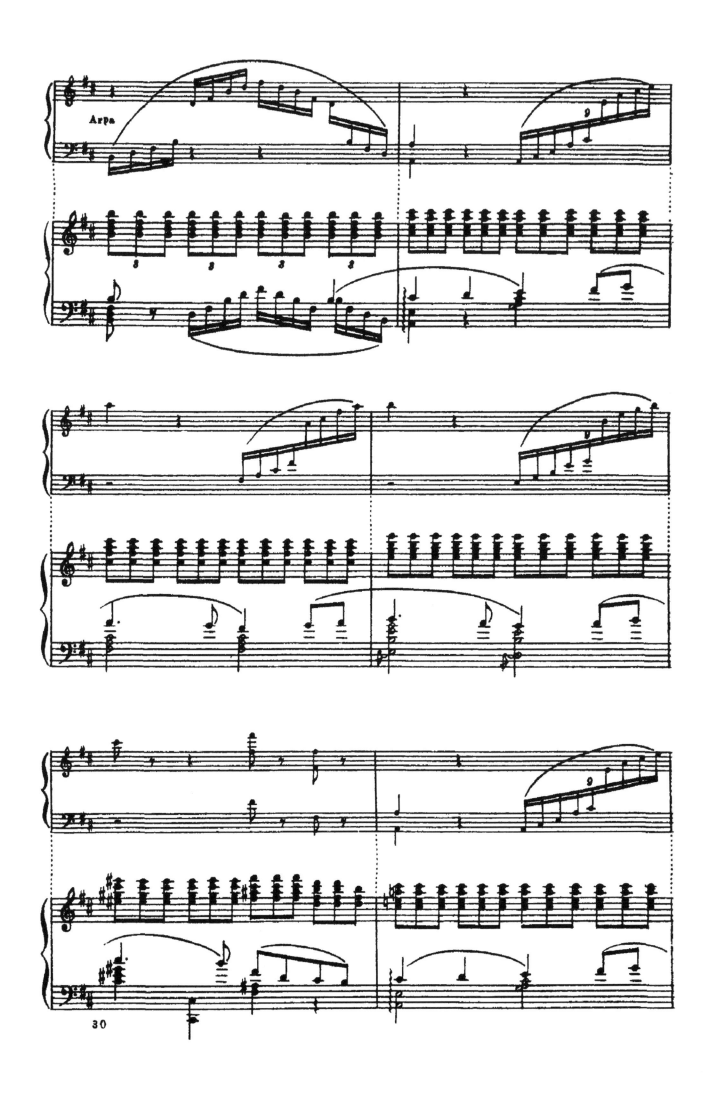

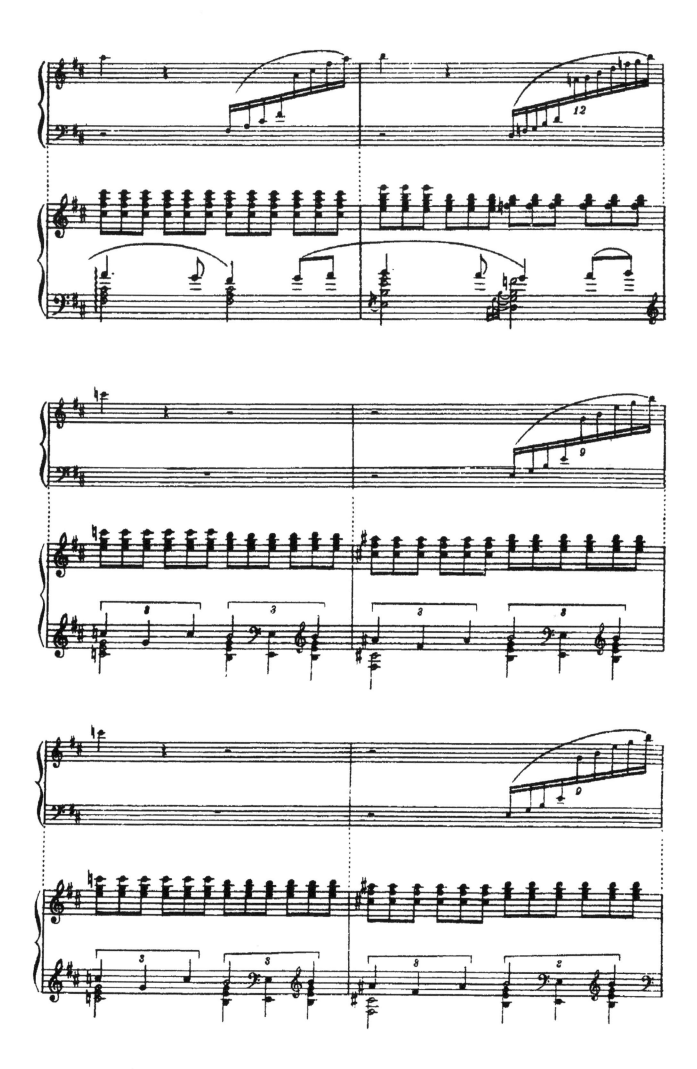

Act III

№ 15

*) (Являются принц, принцесса и свита, пажи, карлики и т.д.)

№ 16
Танцы кордебалета и карликов
Danses du corps de ballet et des nains

Trio $\cdot$)(Карлики, танцуют)

№ 17
Сцена
Scène

Выход гостей и вальс
La sortie des invités et la valse

*)(Опять звук трубы и появление гостей. Стариков усаживают, а дочь танцует по приглашению одного из гостей вальс.)

[Allegro]

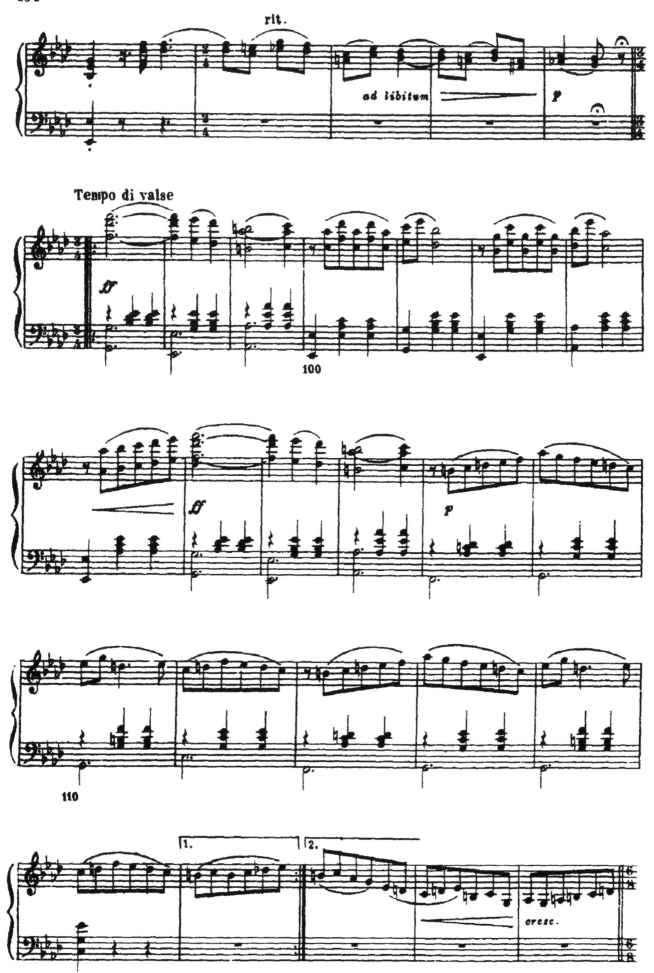

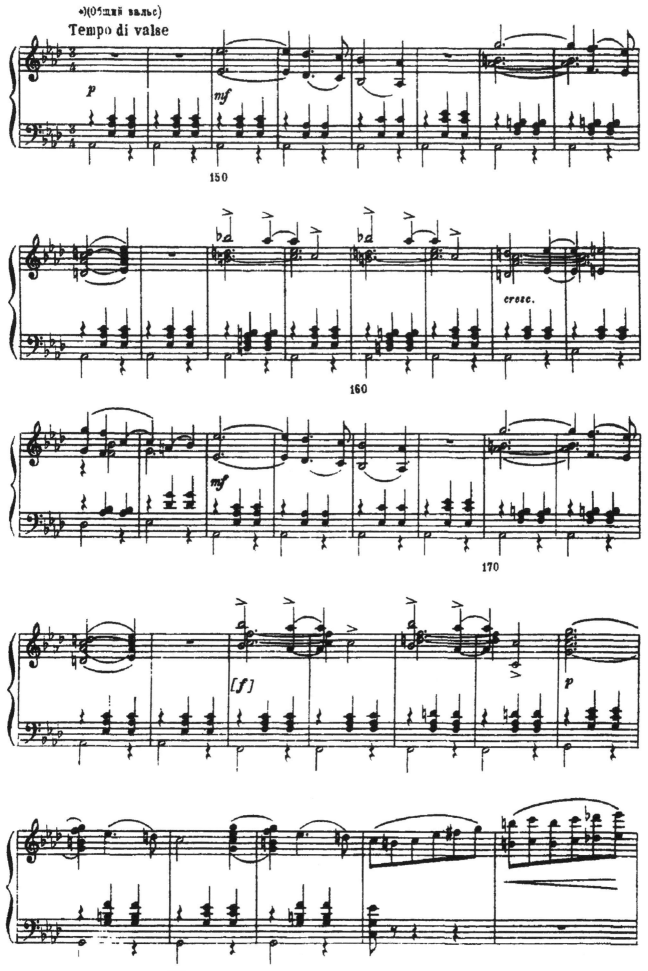

*)(Здесь кордебалет во всем составе танцует вальс.)

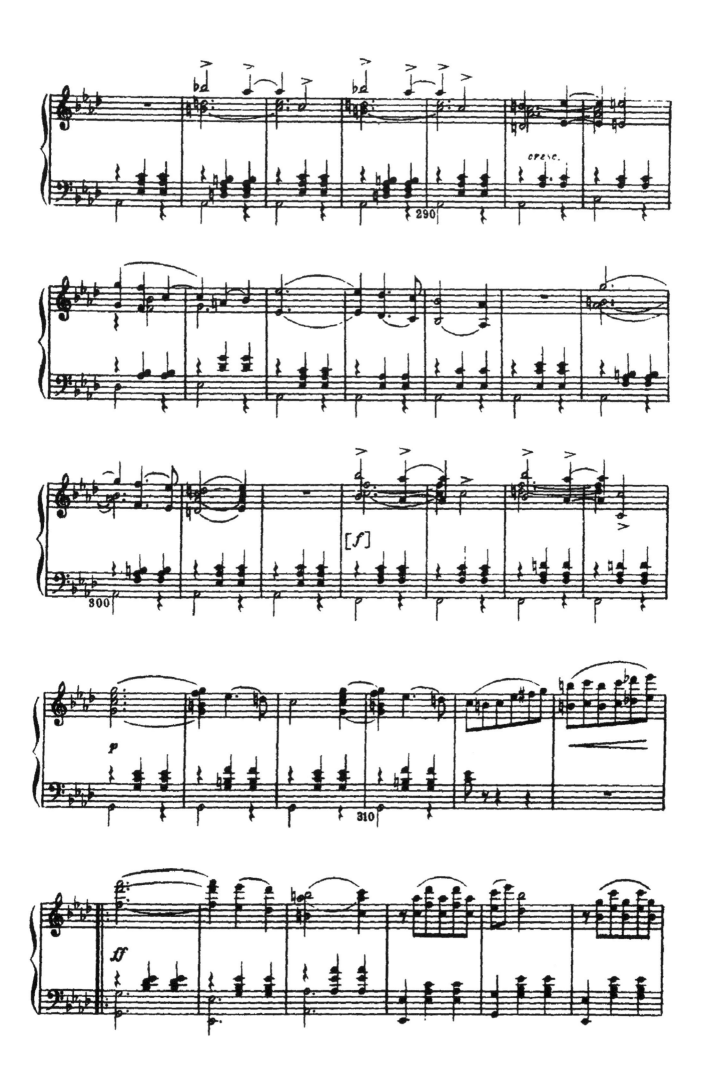

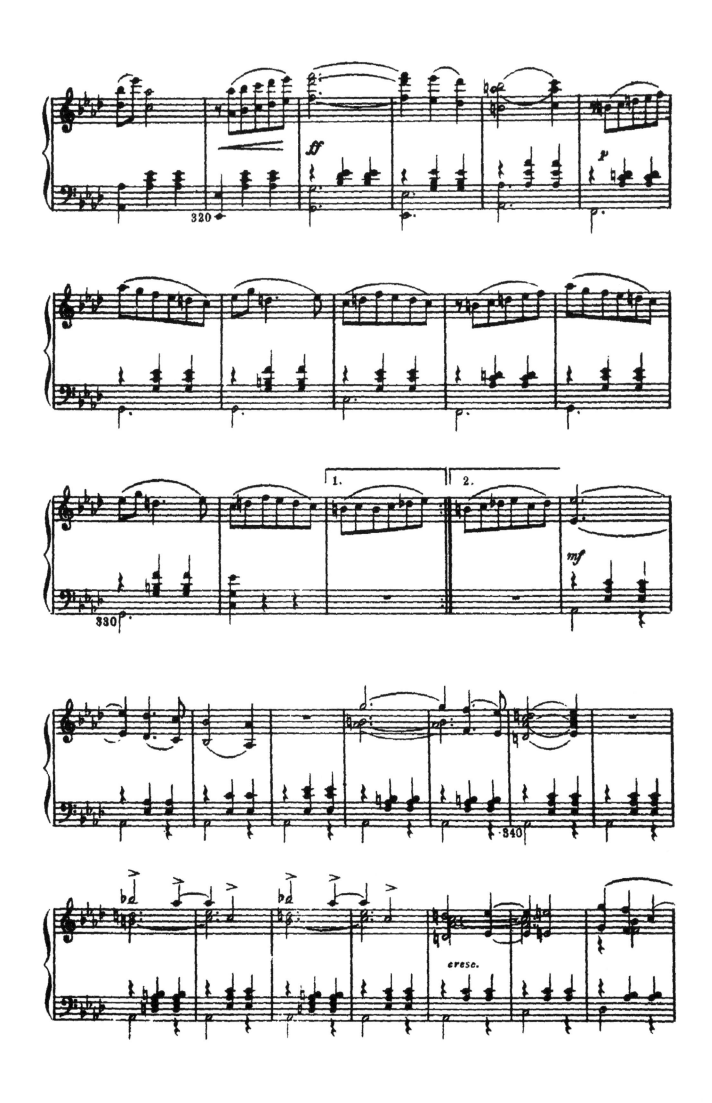

№18
Сцена
Scène

*) (La princesse prend son fils à part et demande la quelle des jeunes filles lui a plu etc.)

Allegro giusto

№ 19
Pas de six

Intrada

Var. I
Allegro

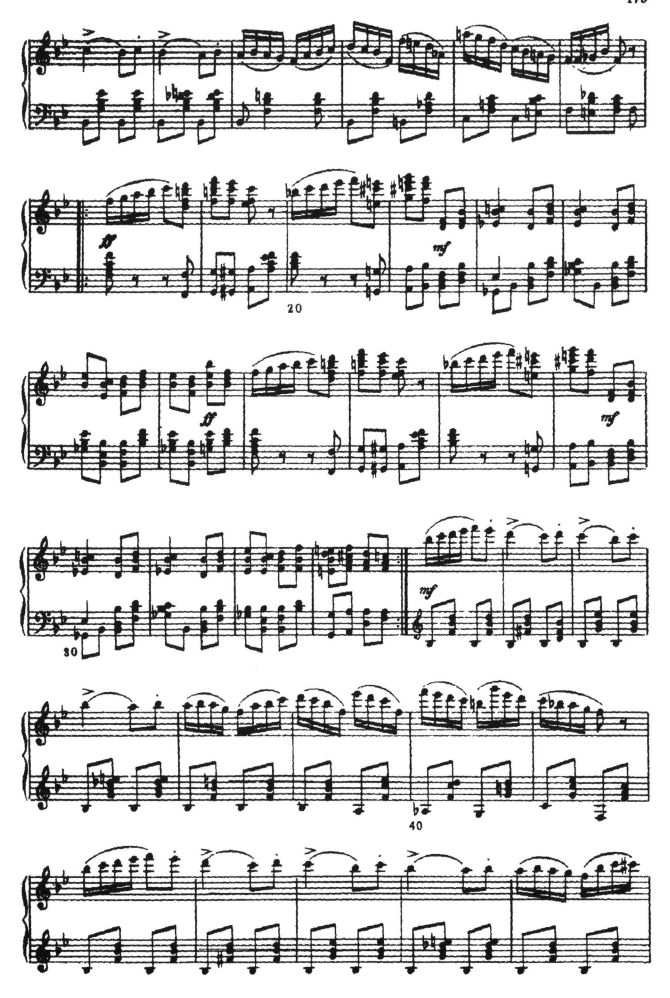

№ 20
Венгерский танец Чардаш
Danse hongroise Czardas

№21
Испанский танец
Danse éspagnole

№ 22
Неаполитанский танец
Danse napolitaine

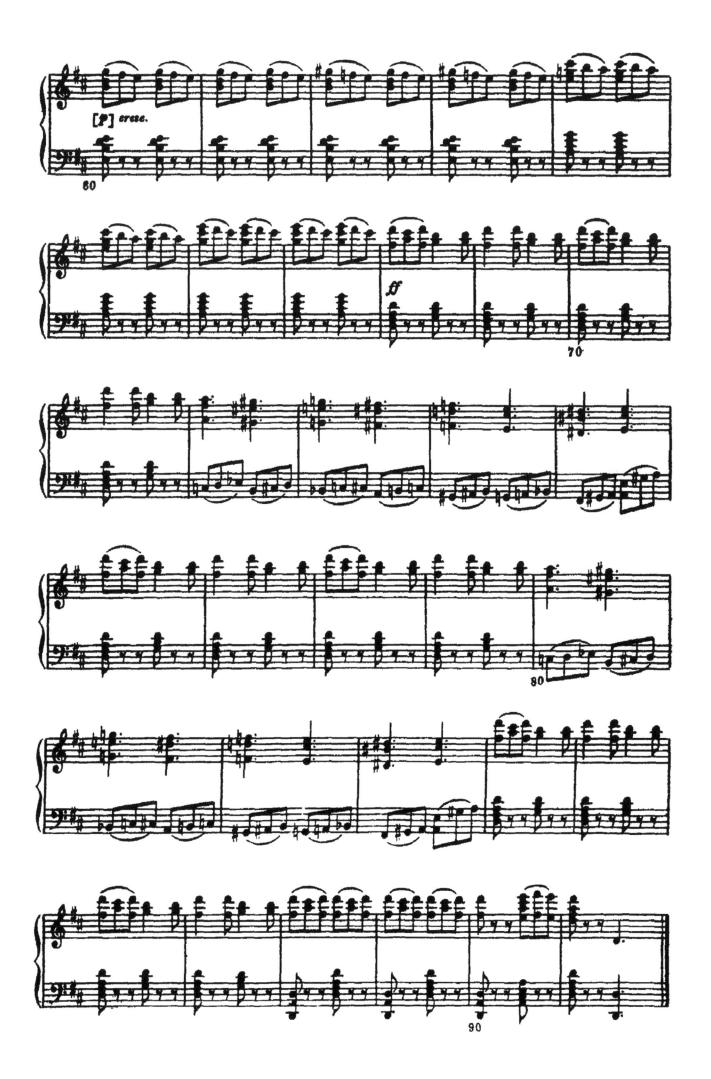

№ 23
Мазурка
Mazurka

(Солисты и кордебалет)
(Solistes et corps de ballet)

Tempo di mazurka

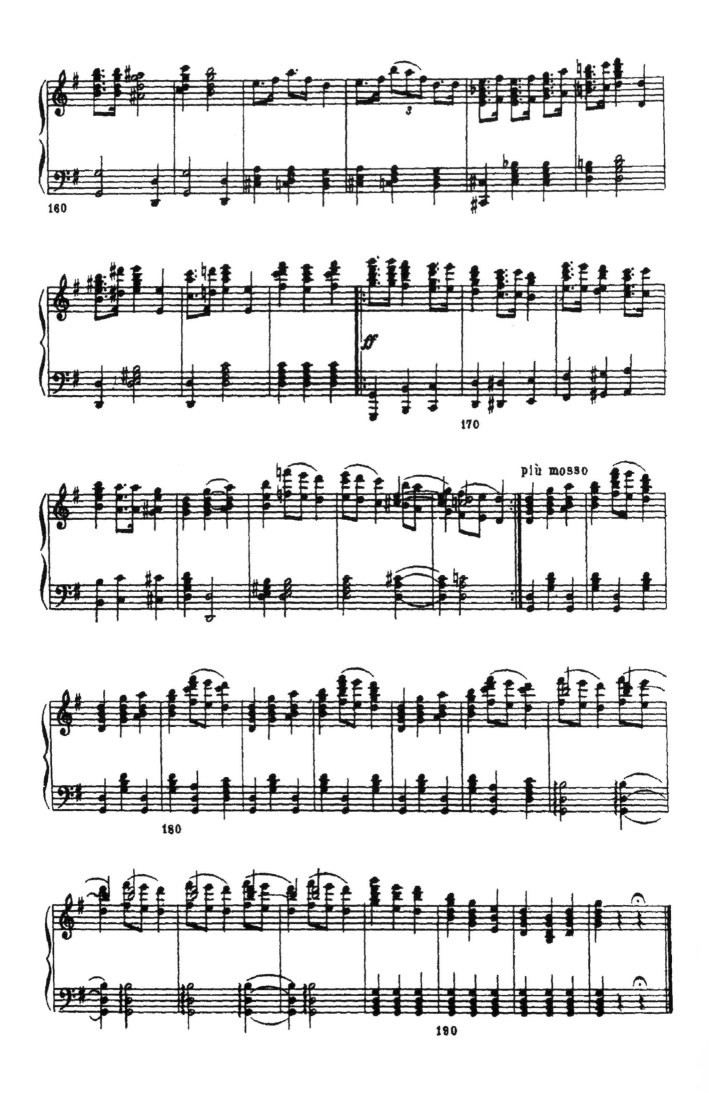

№ 24
Сцена
Scène

°) (Принц пригла-

шает Одилию протанцевать вальс.)

Valse

*) (Принц целует руку Одилии)

Allegro vivo

принца.) **)(Ротбарт торжественно берет руку дочери и передает ее принцу.)

Listesso tempo (♩ = ♩) *) (Мгновенно сцена темнеет и т. д.)

*) (La scène devient momentalement sombre etc.)

Act IV

№25
Антракт
Entr'acte

20

№ 26
Сцена
Scène

Allegro non troppo

10

*) Занавес. (Подруги Одетты недоумевают куда она скрылась.)

*) Le rideau. (Les amies d'Odette ne peuvent pas comprendre ou elle a disparu.)

№ 27
Танцы маленьких лебедей
Danses des petits cygnes

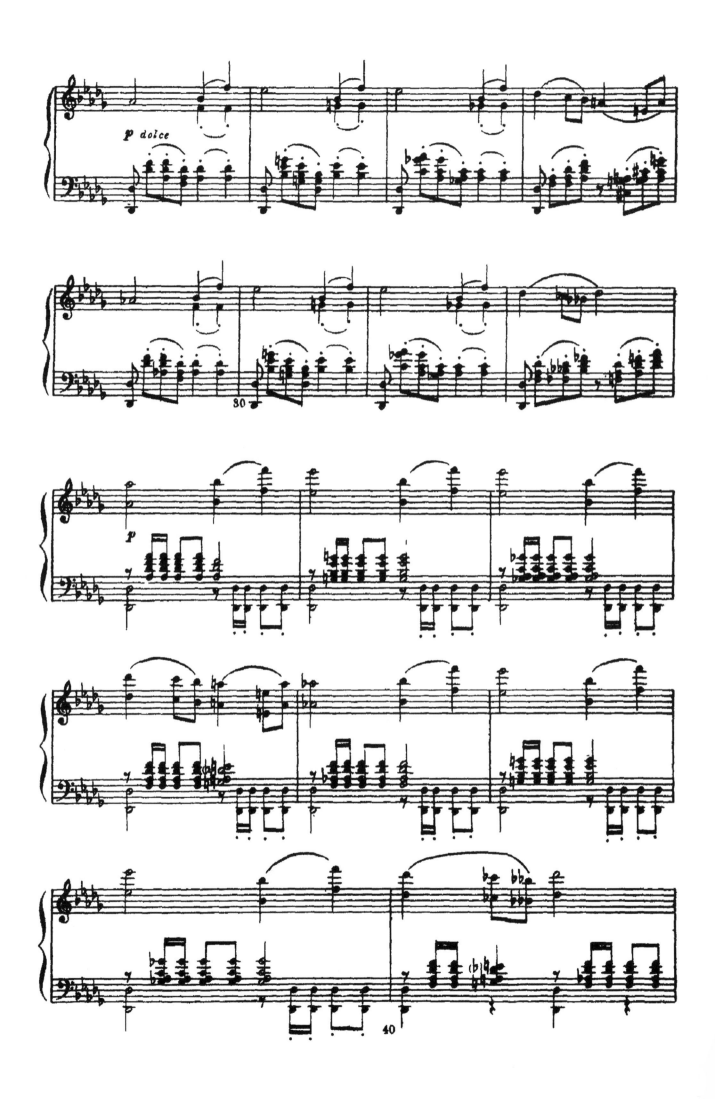

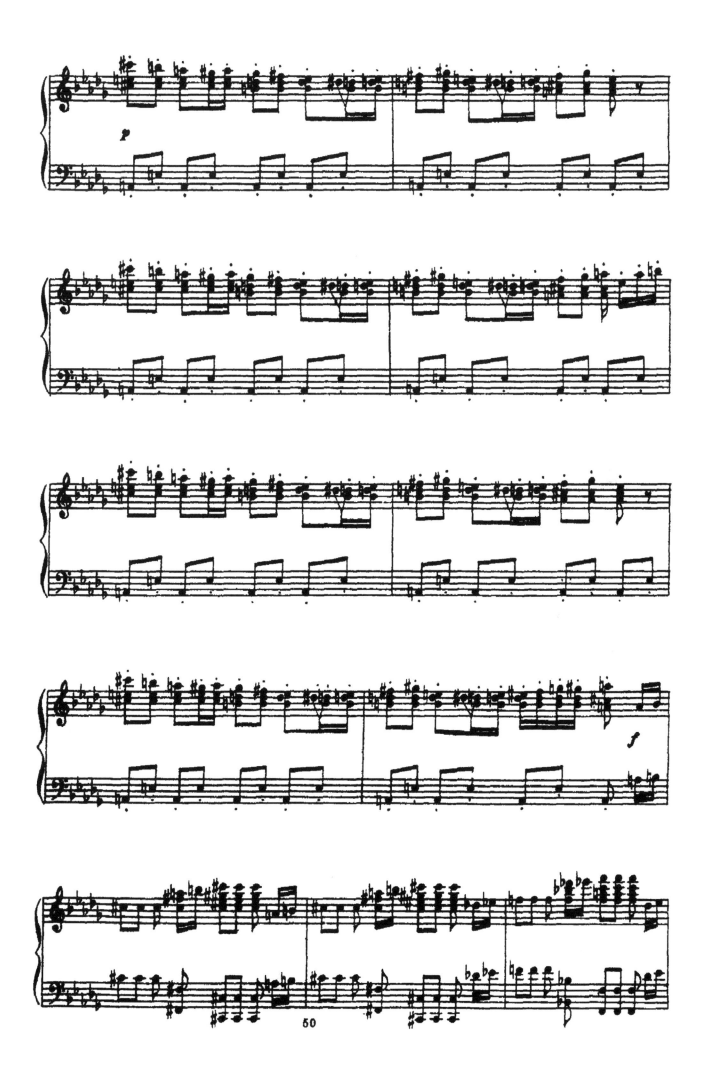

50

№ 28
Сцена
Scène

*) (Вбегает Одетта и сообщает свое горе подругам)

Allegro agitato

*)(Odette entre en courant et fait part à ses amies de son chagrin.)

*) (Вот он идет, говорят Одетте

со подруги и т. д.)

*) (Сцена темнеет, начинается буря. Гром гремит)

№ 29
Финальная сцена
Scène finale

Allegro agitato

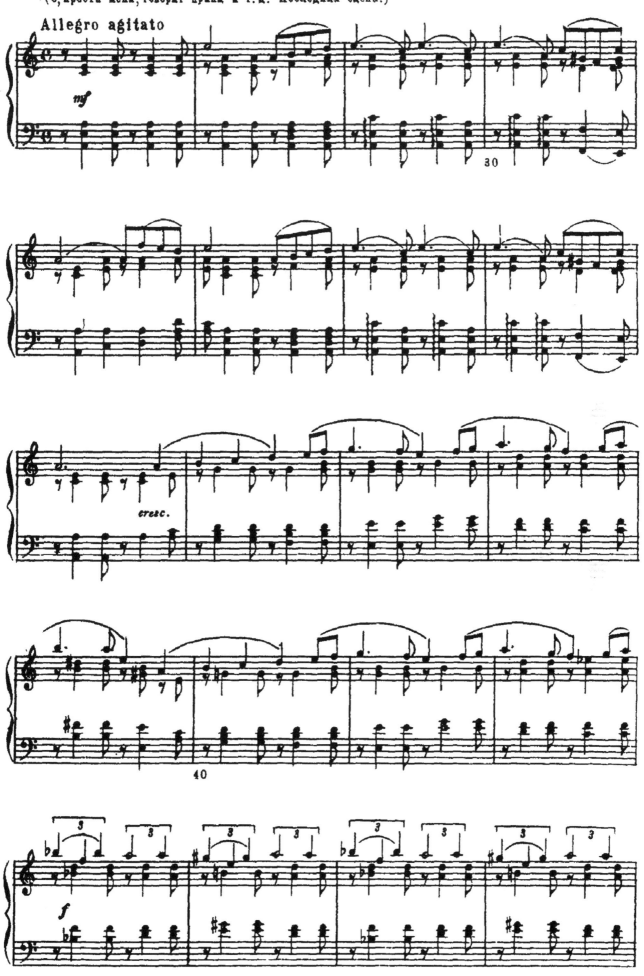

*)(Одетта падает на руки принца.)

poco ritenuto

ritenuto

Alla breve. Moderato e maestoso

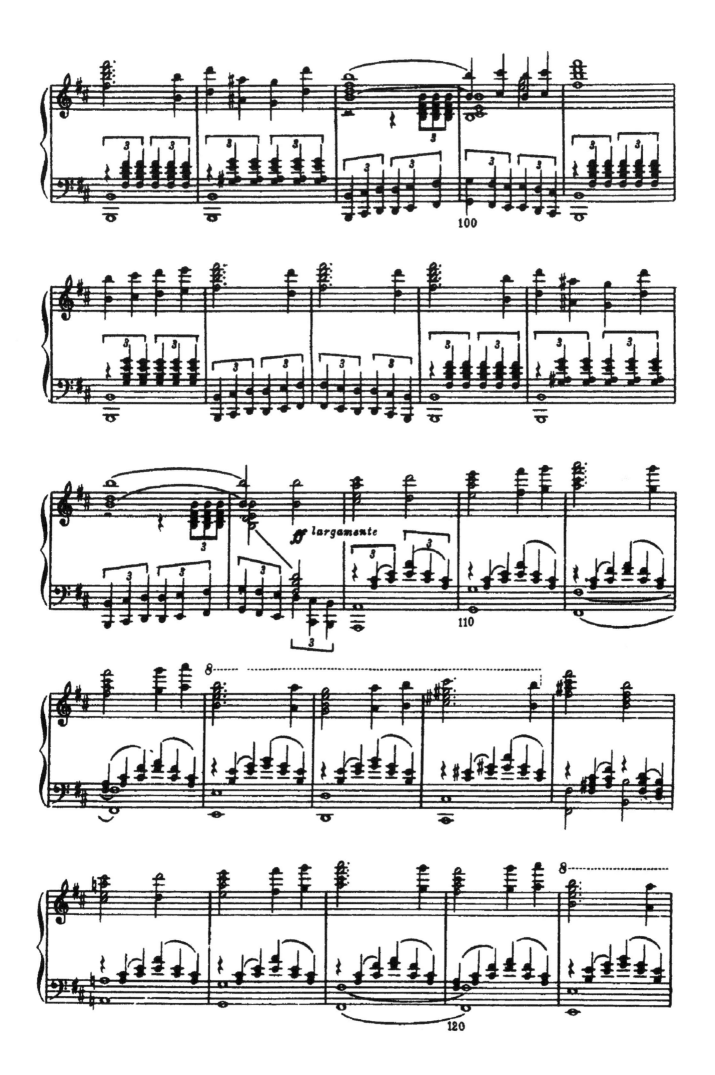

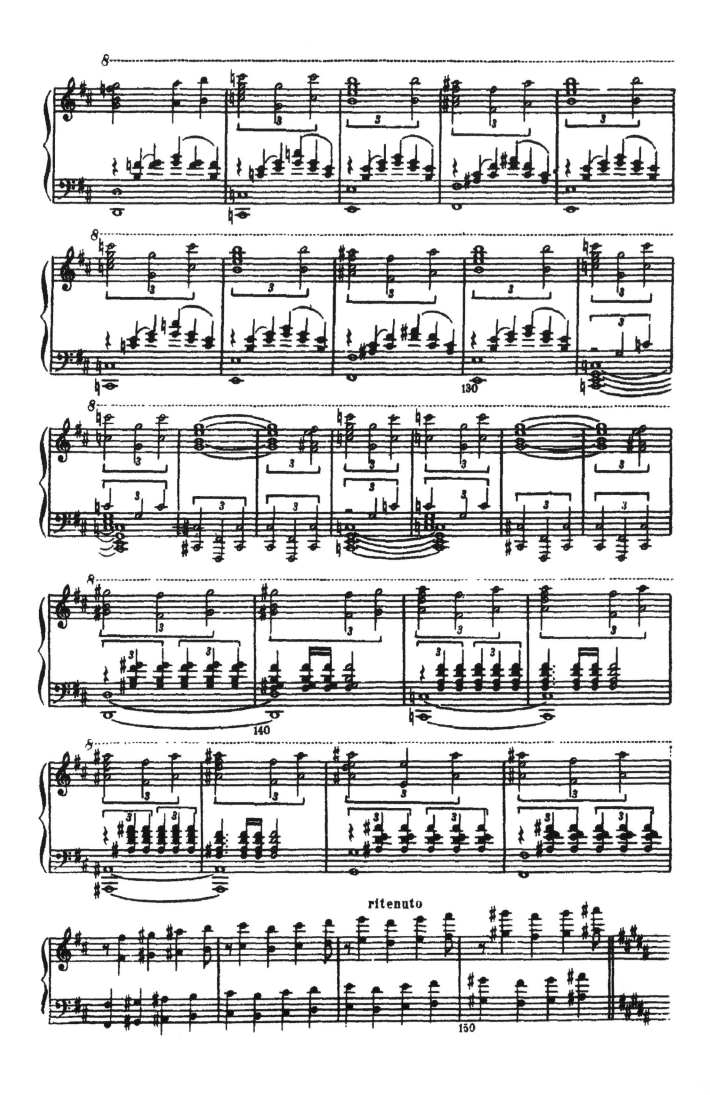

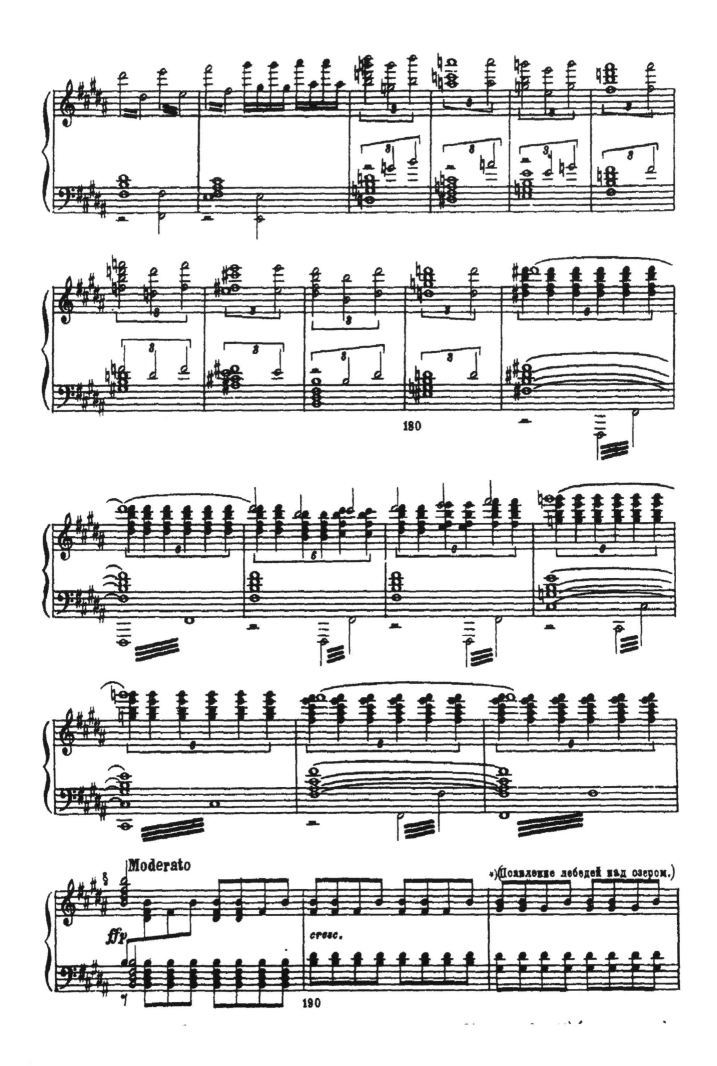

Supplement

Pas de deux

Introduction

50

[Var. I]

Allegro moderato

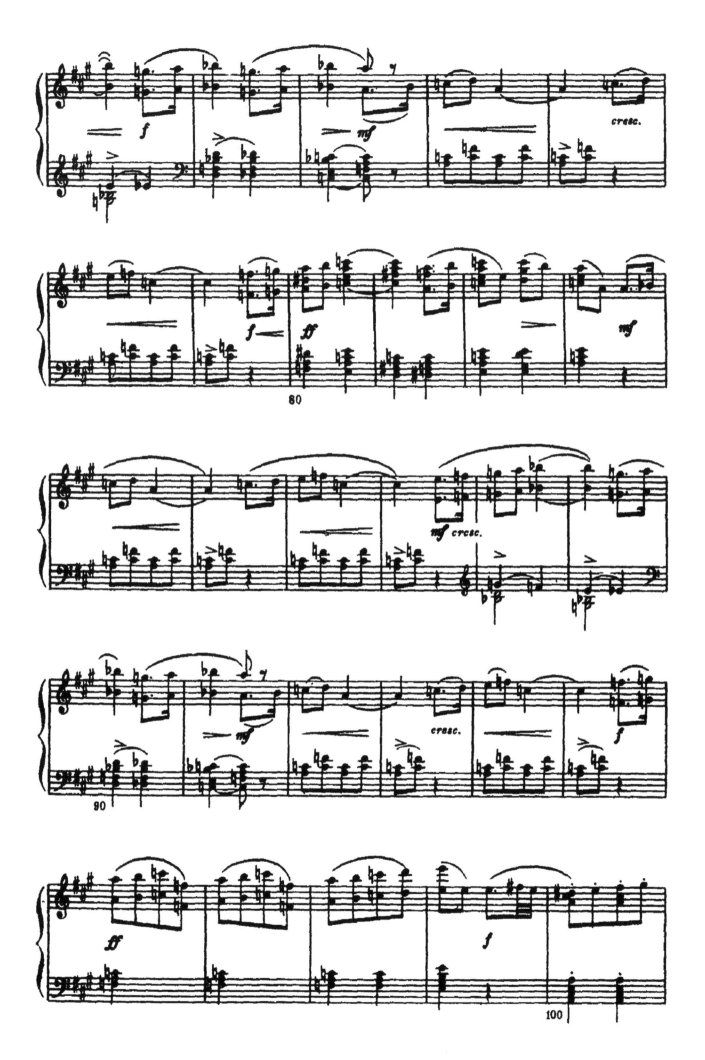

Русский танец
Danse russe

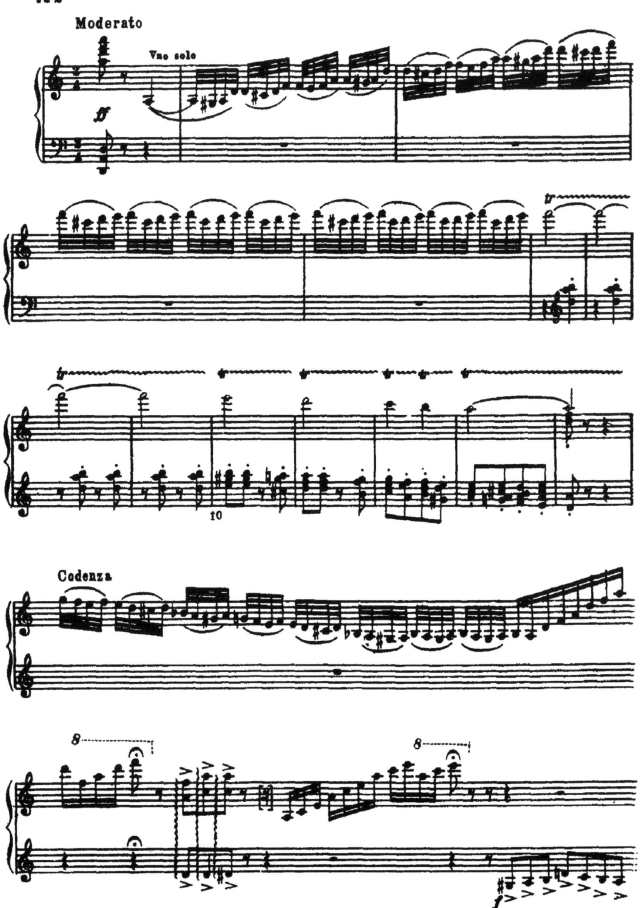

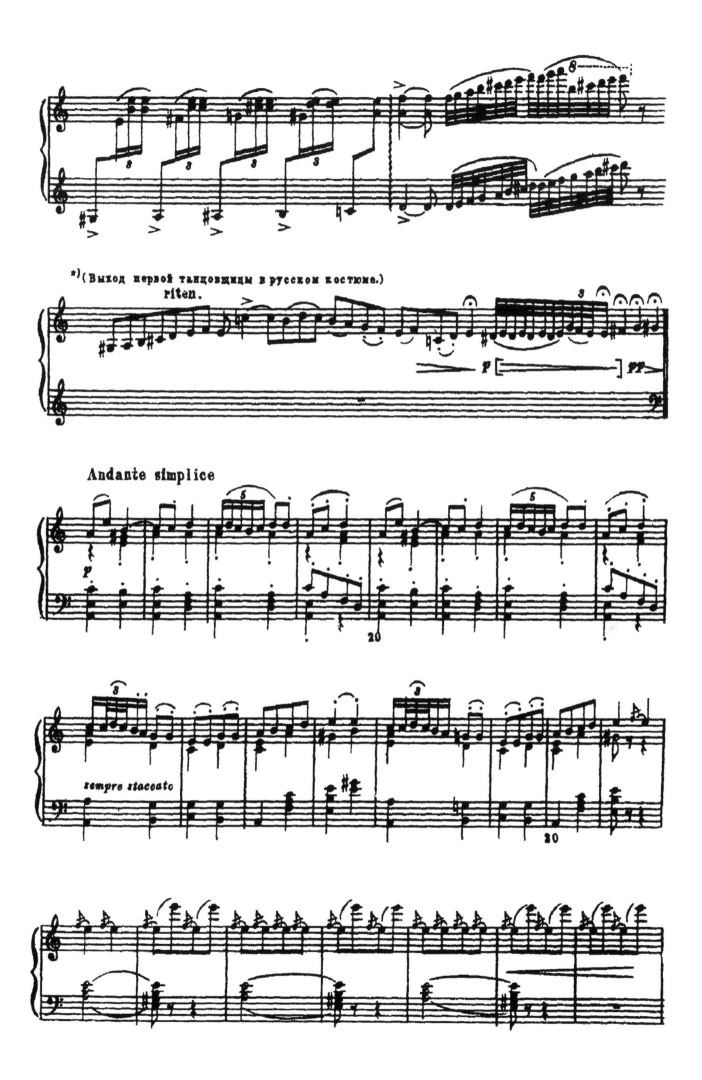

*)(Выход первой танцовщицы в русском костюме.)

Andante simplice

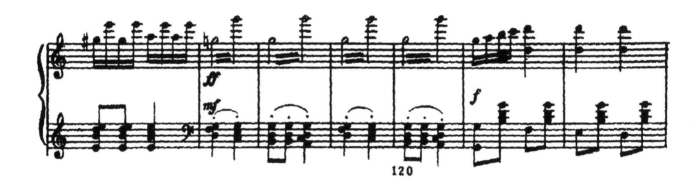

Made in United States
Troutdale, OR
09/15/2024

22840697R00157